ISBN : 978-2-412-04087-4
Dépôt légal : novembre 2018

Imprimé en Italie
Édition : Frédéric Lorreyte
Couverture et mise en page intérieure : NoOok
Illustrations : Freepik, Vecteezy, Shuttertock

Éditions First, un département d'Édi8
12, avenue d'Italie
75013 PARIS – France
Tél. : 01 44 16 09 00
Fax : 01 44 16 09 01
E-mail : firstinfo@efirst.com
Site Internet : www.editionsfirst.fr

François Jouffa et Frédéric Pouhier

TU SAIS QUE TU FAIS UNE crise de la quarantaine QUAND...

FIRST ÉDITIONS

AVANT-PROPOS

Elle surgit sans qu'on l'y invite, entre 45 et 55 ans. Non, pas ta belle-mère, mais la crise de la quarantaine.

Cette mini-dépression, cette *midlife crisis*, se manifeste insidieusement le jour où nous prenons conscience de n'avoir « qu'une seule vie à vivre et que la fin de cette unique vie approche inéluctablement ». Rien que d'écrire ces quelques mots, le quadra que je suis en a des frissons dans le dos.

40 ans est un âge où l'on traverse une profonde remise en question de nos choix de vie. Suis-je en couple avec la bonne personne ? Et si j'avais décidé, à 20 ans, de partir vivre en Australie,

qu'aurait été ma vie ? Si j'avais continué mes cours de guitare, serais-je devenu une rockstar ?... Et si, et si, et si... Mille questions hantent nos nuits.

Es-tu, toi aussi, en pleine crise de la quarantaine ? Tu le sauras grâce à ce livre.

« Je suis obsédé par l'âge ;
je fais une vieillesse nerveuse. »
(Matthieu Galey.)

TU SAIS QUE TU FAIS UNE CRISE DE LA QUARANTAINE QUAND…

- … tes petites amies ont l'âge de ta fille.
- … tu te demandes si ce n'est pas trop tard pour devenir chanteur de rap.
- … tu piques de l'herbe dans le sac de ton fils.
- … tu as acheté un énorme 4×4 pour rouler dans Paris.

LA PHILO SELON JOJO

« Je crois qu'il ne faut pas penser à vieillir. On a l'âge qu'on a. Il y a des gens jeunes qui sont déjà vieux. Il y a des gens plus âgés qui sont encore jeunes. Ça ne veut rien dire. »

(Johnny Hallyday.)

5
CHOSES À FAIRE AVANT QU'IL NE SOIT TROP TARD

1. Se mettre au sport très vite.
2. Dire « J'aime » à tout ce que tu aimes et « Va te faire f***** » aux emmerdeurs (sauf ton patron).
3. Faire un tour du monde. Enfin, si ce c****** de patron te laisse partir six mois en vacances.
4. Faire un plan à trois. Si ta femme est jalouse, contente-toi d'un plan à Troyes.
5. Retirer la casserole du feu avant que l'eau des pâtes ne déborde.

À 20 ANS
VS
À 40 ANS

À 20 ans,
tu penses que
les gens de
40 ans sont des
vieux.

À 40 ans,
tu penses que
ce sont ceux de
60 ans qui le sont.

TU SAIS QUE TU FAIS UNE CRISE DE LA QUARANTAINE QUAND...

- ... tu vérifies chaque matin, devant un miroir, que tu n'as pas de poils dans les oreilles.
- ... tu recouches à nouveau avec ta femme.
- ... tu portes un jean à trous pour faire plus jeune.
- ... tu empruntes, en cachette, les crèmes hydratantes de ta femme.

CITATION

« J'ai 39 ans…
plus les taxes. »

(Liberace.)

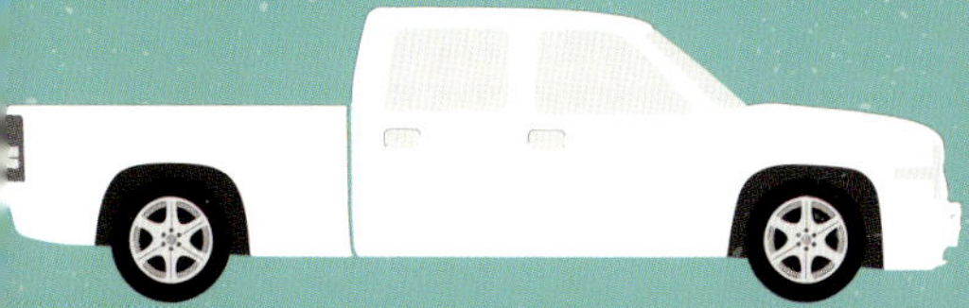

5
RAISONS DE TROUVER QUE C'EST SEXY D'AVOIR DES CHEVEUX GRIS

1. George Clooney.
2. Je n'ai pas les cheveux gris, ils sont poivre et sel.
3. OK, c'est vrai, il y a plus de sel que de poivre.
4. De toute façon, c'est le sel qui donne le goût.
5. Et puis Laura, la jeune nana de la compta, trouve que cela me va bien, les cheveux gris !

À MÉDITER

« La peur de vieillir abîme plus que l'âge. »

(Jeanne Moreau.)

TU SAIS QUE TU FAIS UNE CRISE DE LA QUARANTAINE QUAND...

- ... tu réalises que le président de la République est plus jeune que toi.
- ... tu hésites entre changer de voiture et changer de femme.
- ... tu réalises que tu es à la moitié de ta vie. Oh mon Dieu, je vais mourir, j'étouffe, de l'air !

TÉMOIGNAGE D'UN QUADRA

« Certains se réveillent avec l'envie de changer le monde. Moi, j'ai juste envie de pisser. »

5

RÉPONSES À DONNER QUAND ON TE DEMANDE SI TU FAIS UNE CRISE DE LA QUARANTAINE

1. « C'est idiot, il faut avoir 40 ans pour faire une crise. Moi, j'en ai 39 et 25 mois ! »
2. « Ce n'est pas parce que j'ai revendu le Kangoo pour acheter une Harley que je fais une crise. »
3. « Mais non, je vis très bien ma quarantaine ! Tiens, je te présente ma copine, elle vient d'avoir son bac. »
4. « Tu n'aimes pas mon nouveau tatouage avec une tête de mort ? »
5. « Parle à ma main ! »

À MÉDITER

La passion amoureuse dure 3 ans. Le crédit immobilier, lui, 20 ans.

TU SAIS QUE TU FAIS UNE CRISE DE LA QUARANTAINE QUAND...

- ... tu fais la gueule quand des ados t'appellent monsieur ou madame.
- ... tu réalises que tu as vécu plus de temps après ton bac qu'avant.
- ... tu visites les concessionnaires automobiles pour chercher une voiture qui te rajeunisse.

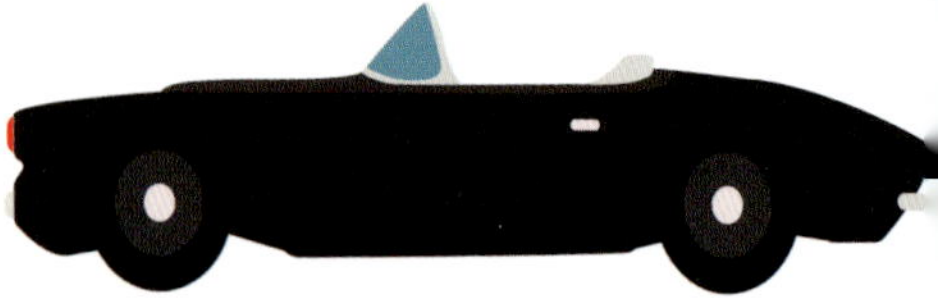

CITATION

« Nous avons hésité un moment entre un divorce ou des vacances. Nous avons pensé que des vacances aux Bermudes, c'est fini en deux semaines, alors qu'un divorce, ça dure toute la vie. »

(Woody Allen.)

MONSIEUR, 5 BONNES RAISONS DE TROMPER VOTRE FEMME

1. Vous ne verrez vos enfants qu'un week-end sur deux. Quel soulagement !
2. Vous allez enfin pouvoir tester les sites de rencontres sur Internet.
3. Si ça se trouve, votre femme n'y verra que du feu.
4. Est-ce que coucher, c'est vraiment tromper ?
5. Il y a vingt ans, quand le curé a dit : « Promettez-vous d'être fidèle à votre épouse ? », vous aviez croisé les doigts… au cas où.

À MÉDITER

Il y a de
l'orage
dans l'air…
et de
l'horreur
dans l'âge.

TU SAIS QUE TU FAIS UNE CRISE DE LA QUARANTAINE QUAND…

- … tu te dis que c'était idiot d'acheter un appartement au lieu de faire le tour du monde.
- … tu passes plus de temps sur la console de jeux que ton fils.
- … tu réalises que tu as les même amis depuis 25 ans.
- … tu ne vois plus tes potes que le dimanche midi parce qu'avec les enfants, c'est plus simple.

BLAGUE

Un vieux couple, allongé dans son lit, discute :

« Regarde, chéri, le tableau est de travers, va donc le redresser !

– Ce n'est pas la peine, il va se redresser tout seul ! répond l'homme.

– Ça fait bien longtemps que plus rien ne se redresse tout seul dans cette chambre ! »

MADAME, 4 SIGNES QUE VOUS ÊTES EN PLEINE CRISE DE LA QUARANTAINE

1. Vous avez refait trois fois la décoration du salon cette année.
2. Vous avez la garde-robe d'une jeune fille de 18 ans.
3. Vous êtes persuadée que votre homme vous trompe avec une femme plus jeune, alors que, sincèrement, votre mari est moche, gros et fauché. Alors, rassurez-vous, il est obligé d'être fidèle.
4. Il faut vous répéter 20 fois par jour que vous êtes belle.

À MÉDITER

40

s'écrit

XL

en chiffres romains.

TU SAIS QUE TU FAIS UNE CRISE DE LA QUARANTAINE QUAND...

- ... tu es jaloux que tes enfants aient de plus beaux cadeaux à Noël que toi.
- ... tu t'es aperçu que la génératior des Kevin avait déjà plus de 20 an
- ... tu te réveilles en pleine nuit ave l'angoisse de la mort qui approche inexorablement. Ah, elle est là, la vieille Faucheuse ! Ah non, c'est juste ma femme qui sort de la salle de bains.

TÉMOIGNAGE D'UN QUADRA

« Quand ma femme a divorcé, j'ai ressenti un immense vide dans la maison… surtout au niveau du mobilier ! »

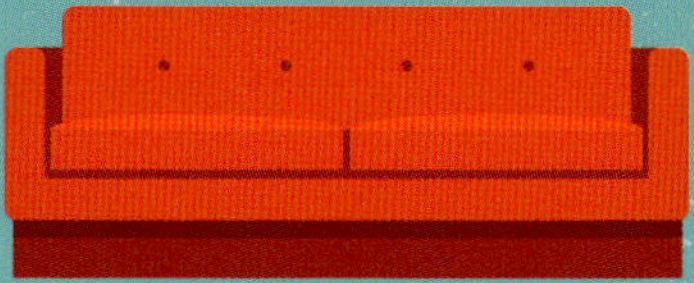

5

CHOSES À NE JAMAIS DIRE À UN HOMME EN PLEINE CRISE DE LA QUARANTAINE

1. « Il ne te reste, en moyenne, que 40 Noëls à vivre. »
2. « Les banques acceptent encore de te faire un prêt à ton âge ? »
3. « À ton âge, tu devrais avoir un meilleur poste. »
4. « Tu te souviens de l'époque où tu n'avais pas de ventre ? »
5. « Il te reste encore de belles années à vivre. Enfin… avant le cancer. »

TÉMOIGNAGE *d'une femme* DE 40 ANS

« Je n'ai
pas 40 ans.
J'ai 18 ans
et 22 ans
d'expérience. »

TU SAIS QUE TU FAIS UNE CRISE DE LA QUARANTAINE QUAND...

- ... tu t'ennuies tellement au travail que tu es heureuse de retrouver ton conjoint le soir.
- ... tu t'ennuies tellement à la maison que tu es heureuse de retrouver tes collègues le matin.
- ... tu te fais de plus en plus de soirées entre copines pour te plaindre de ton mec.

TÉMOIGNAGE D'UN QUADRA

« Cette nuit, j'ai rêvé que je mangeais un sandwich. Je me suis levé et j'ai fait un sandwich. Je suis comme ça, moi, je réalise mes rêves. »

4
CRISES DE LA QUARANTAINE À DÉCONSEILLER À UNE FEMME

1. Quitter son mec dentiste pour aller vivre avec un punk à chien place de Clichy.
2. Partir ouvrir un magasin de lingerie en Irak.
3. Se mettre en couple avec DSK parce que lui, au moins, il est fidèle.
4. Faire le casting de *The Voice*, alors que tu as la voix d'un canard qu'on égorge.

BLAGUE

Un couple de quadras se dispute :

« Si tu en as marre de vivre avec moi, explique-moi pourquoi tu restes avec moi, hein ?

– Uniquement pour avoir un sujet de conversation au bureau ! »

4 CRISES DE LA QUARANTAINE À DÉCONSEILLER À UN HOMME

1. Tout plaquer pour devenir une femme (ton salaire baissera automatiquement de 20 %).
2. Se raser la tête, alors que tu n'es pas encore chauve.
3. Tout plaquer pour devenir plaquiste.
4. Quitter son job pour écrire des livres d'humour en pensant faire fortune. N'y voyez pas là un clin d'œil personnel de l'auteur, mais un cri d'alarme.

CITATION

« Je pense que la crise de la quarantaine est juste un moment où la carrière des gens a atteint un certain équilibre et où ils ont à réfléchir sur leurs relations personnelles. »

(Bill Murray.)

5
CHOSES À NE JAMAIS DIRE À UNE FEMME DE PLUS DE 40 ANS

1. « J'imagine que vous êtes grand-mère ? »
2. « Excusez-moi, de loin, je vous ai confondue avec votre mère. »
3. « Maintenant, il est trop tard pour tout changer. »
4. « Vous avez des bouffées de chaleur ? C'est normal à votre âge. »
5. « Vous avez 50 ans ou vous allez avoir 50 ans ? »

À MÉDITER

Plus on avance
en âge et
plus le pénis
ne sert qu'à
uriner.

5 PHRASES POUR DRAGUER APRÈS 45 ANS

1. « Vous savez que j'ai une bonne mutuelle ? »
2. « Vos parents habitent chez vous ? »
3. « Ça vous dirait de faire une thalasso ? »
4. « Je ne bois pas de café l'après-midi, je vous offre une tisane ? »
5. « C'est marrant, mademoiselle, vous avez l'âge de ma fille ! »

RÉPLIQUE DE FILM

« Vous cherchez à perdre du poids ou vous voulez augmenter votre musculature et améliorer vos performances ?
– Je veux être beau quand je suis tout nu ! »

(*American Beauty.*)

MONSIEUR, 5 BONNES RAISONS DE NE PAS TROMPER VOTRE FEMME

1. La future pension alimentaire.
2. Devoir vivre seul dans un petit appartement insalubre.
3. La paperasse administrative pour le divorce.
4. Votre épouse est particulièrement rancunière.
5. De toute façon, vu votre physique, vous n'arriverez pas à séduire plus belle femme que votre femme.

CITATION

« L'âge mûr, par définition, c'est la période de la vie qui précède l'âge pourri. »

(Pierre Desproges.)

TU SAIS QUE TU FAIS UNE CRISE DE LA QUARANTAINE QUAND...

- ... tu te donnes encore dix ans pour décrocher un prix Nobel.
- ... tu passes plus de temps sur Netflix qu'avec ton homme ou ta femme.
- ... de toute façon, j'ai pas 40 ans, je suis né en 1978 ! Oh merde, j'ai 40 ans !
- ... tu es jaloux de tes amis qui divorcent.

4 CHOSES À FAIRE DANS LE COUPLE POUR ÉVITER LA ROUTINE

1. Élaborer des scénarios :
« Ce soir, je suis une infirmière, et toi, un patient.
– Tu es sûre que ce soit une bonne idée ?
Ça me fait penser que je dois faire un check-up. »
2. Organiser des week-ends en amoureux, sans les enfants. Si les grands-parents ne peuvent pas les garder, contactez la SPA au cas où.
3. Acheter de la lingerie. Vous, madame ! Pas vous, monsieur ! Reposez ce soutien-gorge, vous êtes ridicule !
4. Monsieur, pensez à organiser un dîner romantique un autre soir que celui de la Saint-Valentin.

MONSIEUR, 4 RAISONS DE NE PAS DIVORCER À 40 ANS

1. Vous ne savez pas cuisiner.
2. Quand vous êtes séparé de votre femme depuis deux jours, elle vous manque déjà.
3. Ne pas passer le réveillon de Noël seul avec Arthur à la télé.
4. Votre maîtresse ne veut pas que vous l'épousiez.

À MÉDITER

Tout âge
porte
ses fruits,
il faut savoir
les cueillir.

TU SAIS QUE TU FAIS UNE CRISE DE LA QUARANTAINE QUAND...

- ... tu as envoyé un SMS à toutes tes ex.
- ... tu as décidé de devenir cuisinier après avoir regardé *Top Chef*.
- ... en fait non, plutôt agent immobilier, comme Stéphane Plaza.
- ... tu as ressorti ta vieille guitare de la cave.

UNE CRISE DE LA QUARANTAINE RATÉE

En 2017, dans l'État de Washington, aux États-Unis, un homme de 42 ans a été emprisonné après avoir envoyé par erreur des instructions pour tuer sa femme et sa fille à son ancien patron plutôt qu'au tueur à gages ! L'homme, en pleine crise existentielle, espérait toucher 1,5 million de dollars d'assurance-vie.

MONSIEUR, 5 RAISONS SUPPLÉMENTAIRES DE NE PAS DIVORCER À 40 ANS

1. Vous ne comprenez rien à Tinder.
2. Il paraît que le pic sexuel, chez la femme, arrive à 45 ans.
3. Vos beaux-parents ont une villa sur la Côte d'Azur.
4. En plus, dans la villa des beaux-parents, il y a une piscine.
5. Hériter un jour de vos beaux-parents J'ai mentionné qu'ils avaient une villa avec piscine ?

BLAGUE

Dans la salle de bains, un mari dit à sa femme :

« Chaque matin, quand je me rase, j'ai l'impression de rajeunir de 10 ans.

– Ah bon ? lui répond sa femme. Dans ce cas, tu devrais te raser avant de te coucher ! »

TU SAIS QUE TU FAIS UNE CRISE DE LA QUARANTAINE QUAND...

- ... tu grossis, même quand tu es au régime.
- ... le moment le plus excitant du mois de mai est celui où tu remplis ta déclaration d'impôts.
- ... lorsque tu mets une robe vintage, tout le monde pense que tu portes juste une vieille robe.

TÊMOIGNAGE D'UN QUADRA

« Il y a 20 ans, j'ai épousé ma femme parce qu'elle avait de longues jambes et de gros seins, mais maintenant elle a de longs seins et de grosses jambes. »

MADAME, 4 RAISONS DE NE PAS REGRETTER VOTRE JEUNESSE

1. Vous êtes bien plus belle à 40 ans qu'à 20 ans, c'est votre mari qui le dit (tout en se retournant sur les jeunettes en short).
2. C'est tout de même plus sympa de bruncher en famille le dimanche matin que d'avoir une gueule de bois.
3. Il n'y avait pas Netflix quand vous étiez jeune, il y avait juste cinq chaînes de télé moisies.
4. Vous ne connaissiez pas l'existence de la lingerie Victoria's Secret.

QUIZ

Linda Wolfe, une Américaine de 72 ans, détient le record du plus grand nombre de divorces. Combien de fois a-t-elle divorcé ?

a. 11 fois.

b. 18 fois.

c. 22 fois.

Réponse : c. Son mariage le plus court a duré 36 heures.

TU SAIS QUE TU FAIS UNE CRISE DE LA QUARANTAINE QUAND...

- ... tu es prêt à frapper quelqu'un s'il te dit que tu es un senior.
- ... tu portes des jeans qui t'arrivent au-dessus des chevilles pour faire djeun's.
- ... tu utilises encore le mot *djeun's*.
- ... tu commences à penser que c'était mieux avant.

NE JAMAIS OUBLIER
(si tu es divorcé)

Ne sois jamais jaloux quand tu vois ton ex avec quelqu'un, parce que tes parents t'ont toujours appris à donner tes jouets usés.

MADAME, 5 RAISONS DE NE PAS DIVORCER APRÈS 40 ANS

1. Même si votre époux est très moyen dans bien des domaines, vous n'êtes pas sûre de trouver mieux.
2. Vous n'avez aucune envie de vous occuper des enfants, seule.
3. Vous habitez en Arabie saoudite. De toute façon, c'est interdit.
4. La nuit, vous avez besoin de ses pieds pour poser vos pieds glacés.
5. Pedro, votre prof de Zumba, ne veut pas vous épouser (et ne vous voilez pas la face, il est gay).

BLAGUE

Une femme entre chez l'esthéticienne et demande :

« Bonjour, je voudrais un rendez-vous.
– Qu'est-ce que vous souhaiteriez ?
– Un miracle. »

TU SAIS QUE TU FAIS UNE CRISE DE LA QUARANTAINE QUAND...

- ... tu écoutes des slows des années quatre-vingt-dix en pleurant.
- ... tu portes le deuil de chaque cheveu retrouvé dans ta douche.
- ... tu as téléchargé, en secret, l'appli Tinder pour voir si tu plaisais encore (en mettant une photo de toi à 30 ans !).

CITATION

**« Lorsqu'on a vingt ans,
on est incendiaire,
mais après
la quarantaine,
on devient pompier. »**

(Witold Gombrowicz.)

MONSIEUR, 5 RAISONS DE NE PAS REGRETTER VOTRE JEUNESSE

1. Avant, il n'y avait pas d'Internet, mais des minitels bien nazes.
2. Certes, vous étiez jeune, mais vous étiez pauvre.
3. Pour téléphoner, il fallait faire des kilomètres pour trouver une cabine téléphonique sentant l'urine.
4. L'épilation n'était pas la norme pour les filles.
5. Inutile de mentir, vous n'aviez pas plus de succès à 20 ans qu'à 40 ans.

TÉMOIGNAGE D'UN QUADRA

« J'ai épousé
ma femme pour
le sexe, elle s'est
mariée pour
l'argent. On est
déçus tous les
deux. »

TU SAIS QUE TU FAIS UNE CRISE DE LA QUARANTAINE QUAND…

- … tu as, une nouvelle fois, changé de coupe de cheveux (pour info, la coupe de Rachel dans *Friends* est has been depuis 2002).
- … tu te dis que tu aurais pu avoir la vie de Kim Kardashian.
- … tu es devenu végan, pendant huit jours seulement.

TÉMOIGNAGE D'UN QUADRA

« J'ai dit à mon mari que j'avais envie de le tuer. Il m'a dit que j'avais besoin de voir un spécialiste. Du coup, j'ai engagé un tueur à gages. »

5
BONNES IDÉES POUR TE SENTIR ENCORE TRÈS JEUNE MALGRÉ TES 40 ANS PASSÉS

1. Aller voir le concert *Âge tendre : la tournée des idoles*. Au milieu des fans de Sheila et de Marcel Amont, tu te sentiras très jeune.
2. Faire une croisière en Méditerranée au mois d'octobre.
3. Aller faire une cure thermale dans les Pyrénées.
4. Faire partie du public de l'émission *Des chiffres et des lettres*.
5. Faire tes courses à 3 heures de l'après-midi.

TÉMOIGNAGE D'UN QUADRA

« J'ai 48 ans et je n'ai toujours pas les seins qui tombent. Mais je mange bio, je ne bois pas trop, je fais du sport, et je suis un homme. »

TU SAIS QUE TU FAIS UNE CRISE DE LA QUARANTAINE QUAND...

- ... tu as mal au dos après une simple partie de pétanque.
- ... tout te rend nostalgique de ta jeunesse, même les émissions de Vincent Lagaf'.
- ... tu as, par erreur, « liké » le profil de ta femme sur adopteunmec.com. Mais qu'est-ce qu'elle fait sur ce site ?

POUR VOUS DONNER DU BAUME AU CŒUR, MADAME

« La quarantaine est un âge génial ! On a l'expérience de la vie, on est plus adulte. »

(Alexandra Lamy, qui s'est fait plaquer par Jean Dujardin à l'âge de… 42 ans.)

MONSIEUR, 5 DES PLUS GROSSES CONNERIES DE VOTRE VIE

1. Avoir jeté votre collection de vinyles il y a 5 ans.
2. Avoir dit « oui » devant monsieur le maire.
3. Avoir écrit le point n° 2. Du coup, ma femme m'a mis dehors et je dors sur le canapé d'un pote.
4. Si vous croyez que j'ai le cœur à continuer ce classement.
5. Laissez-moi pleurer seul !

À MÉDITER

« L'avantage
de vieillir,
c'est de ne plus
avoir peur de
mourir jeune. »

(Stephen King.)

TU SAIS QUE TU FAIS UNE CRISE DE LA QUARANTAINE QUAND...

- ... tu t'es inscrit au casting de la prochaine saison des *Anges de la téléréalité*.
- ... tu es tellement déprimé que même une chanson de Francky Vincent te fait pleurer.
- ... tu serais presque capable de tout plaquer pour vivre avec une femme qui te sourit. Sache tout de même que si la boulangère te sourit, c'est pour être aimable, pas pour te draguer.

INCROYABLE MAIS VRAI

D'après une étude écossaise, les grands singes dépriment entre 28 et 35 ans, c'est-à-dire à la moitié de leur vie. Si cette découverte se confirme, cela signifie que la crise de la quarantaine ne serait pas culturelle mais biologique.

5
CHOSES À NE JAMAIS DIRE À UN HOMME FAISANT UNE CRISE DE LA QUARANTAINE

1. Dans le bus : « Monsieur, si vous voulez, je vous laisse ma place. »
2. « Vous avez des petits-enfants ? »
3. « Vous devez connaître le chemin pour aller à l'hôpital. »
4. « Ça fait mal, une coloscopie ? »
5. « Je vous reconnais ! Vous êtes le Père Fouras. »

À 20 ANS *VS* À 40 ANS

À 20 ans, tu ressembles à une couv' de *Vogue* lorsque tu sors acheter du pain.

À 40 ans, tu vérifies juste que ton t-shirt ne sente pas trop mauvais.

TU SAIS QUE TU FAIS UNE CRISE DE LA QUARANTAINE QUAND...

- ... tu t'es inscrit à des cours de parachutisme, alors que tu as le vertige sur un escabeau.
- ... tu refuses de porter des lunettes même si tu n'y vois plus rien.
- ... tu t'es inscrit sur Snapchat pour envoyer des photos osées à des collègues.

4 RAISONS VALABLES POUR TOUT PLAQUER

1. Ton épouse a le même chirurgien esthétique que les frères Bogdanov.
2. Tes enfants te demandent 20 000 euros pour monter un label de rap.
3. Ton patron est un psychopathe qui sent vraiment mauvais de la bouche.
4. Tu es un rugbyman.

4

CHOSES À NE JAMAIS DIRE À UNE FEMME FAISANT UNE CRISE DE LA QUARANTAINE

1. « Il est joli, ton t-shirt. C'est un Damart ? »
2. « Tu es encore dans la fleur de l'âge, celui qui arrive avant que la fleur ne se fane. »
3. « Vous ne vous ennuyez pas trop depuis que vous êtes à la retraite ? »
4. « Si tout était à refaire, tu referais quoi ? »

TU SAIS QUE TU FAIS UNE CRISE DE LA QUARANTAINE QUAND…

- … tu as le démon de midi… mais aussi celui de 16 heures, de 20 heures, de 22 heures, de minuit…
- … tu as l'impression d'avoir encore plus raté ta carrière que Samy Naceri.
- … tu mets trois jours à te remettre d'une cuite.
- … tu viens de te faire faire un piercing sur la langue parce que tu es un vrai rebelle.

TU SAIS QUE TU FAIS UNE CRISE DE LA QUARANTAINE QUAND...

- ... tu décides de prendre des cours de théâtre.
- ... tu as décidé de terminer le roman que tu as commencé à écrire à 14 ans.
- ... tu as acheté un cabriolet. Ce qui est d'autant plus idiot que tu vis en Normandie où il pleut 360 jours par an.
- ... tu te dis que c'est une bonne idée d'aller en boîte à Ibiza, cet été.

3 MOMENTS OÙ TA VIE A TOTALEMENT FOIRÉ

1. Quand tu as pris un crédit sur 30 ans pour un sinistre pavillon de banlieue.
2. Quand ton conseiller Pôle emploi t'a dit : « Vous devriez ouvrir un vidéoclub : les K7, c'est l'avenir ! »
3. Quand ta femme t'a dit : « J'ai oublié de prendre ma pilule » et que tu lui as répondu : « C'est pas grave, faisons l'amour quand même ! »

5
DES PLUS GROS MENSONGES DE L'HISTOIRE DE L'HUMANITÉ

1. « J'assume parfaitement ma quarantaine. »
2. « Je me sens plus belle à 40 ans qu'à 25. »
3. « Ma plus belle réussite ? Mes enfants. »
4. « Si je pouvais tout refaire dans ma vie, je ne changerais rien. »
5. « Vieillir, ça a du bon. »

TU SAIS QUE TU FAIS UNE CRISE DE LA QUARANTAINE QUAND...

- ... tu essaies de convaincre tes amis de 40 ans d'aller à un concert de rap.
- ... tu as repris contact avec tes potes de lycée.
- ... tu as ouvert, un soir de déprime, une bouteille de vin que tu conservais depuis 15 ans pour une grande occasion.
- ... tu as lancé une boulette de papier mâché à la prof lors d'une réunion de parents d'élèves.

TU SAIS QUE TU FAIS UNE CRISE DE LA QUARANTAINE QUAND...

- ... tu ne mets plus de photos de tes enfants ados sur Facebook pour ne pas montrer que tu es daron, donc vieux.
- ... tu t'es remis à jouer aux *Sims*.
- ... tu as ressorti ton vieux sac US avec AC/DC écrit au Tipp-Ex.

4 RAISONS VALABLES DE CHANGER DE TRAVAIL

1. Tu t'es fait licencier.
2. Tu étais député socialiste : les chances que tu sois réélu dans les 10 ans sont de 1 %.
3. Tu es télémarketeur et tu te fais insulter 300 fois par jour.
4. Tu es skateur professionnel. À 40 ans, il va falloir trouver un vrai métier !

5

RAISONS DE PENSER QUE TA NOUVELLE COPINE EST BIEN TROP JEUNE

1. Elle te parle de « YouTubers » dont tu n'as jamais entendu parler.
2. C'est l'ex de ton fils.
3. Elle n'a jamais entendu parler du groupe Nirvana.
4. Quand tu es avec elle, tout le monde la prend pour ta fille.
5. Elle passe son bac cette année.

TU SAIS QUE TU FAIS UNE CRISE DE LA QUARANTAINE QUAND...

- ... tu fais plus de conneries que ton ado de fils.
- ... tu te laisses pousser les cheveux pour avoir la même coupe que les surfeurs dans *Point Break*.
- ... tu réalises que le film *Point Break* est sorti en 1991.

TU SAIS QUE TU FAIS UNE CRISE DE LA QUARANTAINE QUAND...

- ... tu as doublé ton budget maquillage chez Sephora.
- ... tu t'es mise au krav-maga.
- ... tu as abandonné le krav-maga pour la capoeira, parce que le prof est trop sexy.
- ... tu t'es remise à fumer en cachette.

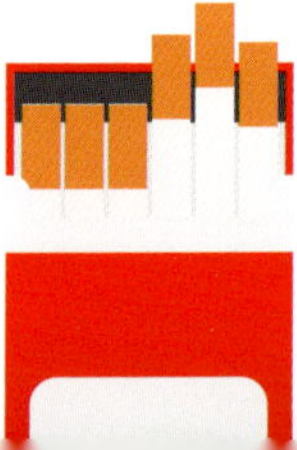

DEVINETTE

Où une femme de 45 ans peut-elle trouver un homme cultivé, sexy et libre ?

Réponse : dans ses rêves.

5
BONNES RAISONS D'ACCEPTER DE VIEILLIR

1. Tu n'as pas le choix.
2. Les rides, c'est sexy (uniquement si tu es un homme ; désolé, mesdames).
3. De toute façon, la nature ne te demandera pas ton avis.
4. Tu es plus sexy à 45 ans qu'à 20 ans (uniquement si tu es un homme ; désolé, mesdames).
5. Tu ne vas tout de même pas faire de la chirurgie esthétique. En cas de doute, googlise « Donatella Versace ».

À 20 ANS
VS
À 40 ANS

À 20 ans,
tu fais l'amour
trois fois
par jour.

À 40 ans,
trois fois
par an.

TU SAIS QUE TU FAIS UNE CRISE DE LA QUARANTAINE QUAND...

- ... tu commences à utiliser l'expression « de mon temps ».
- ... tu n'as pas fêté ton anniversaire depuis trois ans.
- ... tu as photoshopé ta nouvelle photo de profil Facebook.
- ... tu as jeté tes jeans taille 38, car tu es consciente que plus jamais tu ne rentreras dedans.

BRÈVE DE COMPTOIR

« Cette année, j'ai pris la résolution d'arrêter de vieillir. J'ai même pas tenu une seconde, tu parles d'une volonté. »

(Jean-Marie Gourio.)